Para Anne, Bradley, Brice, Liana y Nanette:
La música y la poesía de mi vida
~L.M.

Para Jonah Squirsky y sus descendientes
~M.P

Copyright © by Houghton Mifflin Harcourt Publishing Company

All rights reserved. No part of this work may be reproduced or transmitted in any form or by any means, electronic or mechanical, including photocopying or recording, or by any information storage and retrieval system, without the prior written permission of the copyright owner unless such copying is expressly permitted by federal copyright law. Requests for permission to make copies of any part of the work should be addressed to Houghton Mifflin Harcourt Publishing Company, Attn: Contracts, Copyrights, and Licensing, 9400 Southpark Center Loop, Orlando, Florida 32819-8647.

Acknowledgments

Zin! Zin! Zin! a Violin by Lloyd Moss. Illustrated by Marjorie Priceman. Text copyright © 1995 by Lloyd Moss. Illustrations copyright © 1995 by Marjorie Priceman. Reprinted by permission of Simon & Schuster Books For Young Readers, an imprint of Simon & Schuster Children's Publishing Division.

Credits

Illustration
30–31 Monica Guiterrez; 32–33 Lizzie Rockwell; 34–35 Hector Borlazca.

Printed in Mexico

Little Big Book ISBN: 978-0-544-23181-8
Big Book ISBN 978-0-544-15615-9

1 2 3 4 5 6 7 8 9 10 0908   22 21 20 19 18 17 16 15 14 13

4500430329   A B C D E F G

If you have received these materials as examination copies free of charge, Houghton Mifflin Harcourt Publishing Company retains title to the materials and they may not be resold. Resale of examination copies is strictly prohibited.

Possession of this publication in print format does not entitle users to convert this publication, or any portion of it, into electronic format.

Contenido

Lecturas conjuntas

¡Ñin, ñin, ñin! Un violín 2
Poesía
Por Lloyd Moss
Ilustrado por Marjorie Priceman

Poemas 30
Poesía

Triste, quejumbroso y suave es el son
que suele hacer UN solo TROMBÓN.
Las notas agudas a graves se deslizan
si UN TROMBÓN hace de SOLISTA.

Luego una TROMPETA llegaría
a cantar y jugar con su alegre melodía.
El TROMBÓN a su soledad le dice adiós,
pues ahora un DÚO hacen el UNO y el DOS.

La TROMPA, con sus válvulas aceitadas,
brillante como nueva, circular y enroscada,
de color dorado, se une a los otros con brío.
Eran DOS y ahora TRES, ¡qué buen TRÍO!

Un delicado amigo, el CHELO,
llega como caído del cielo;
su fina punta clavada en el suelo,
suma CUATRO para formar un CUARTETO.

Volando alto y avanzando sin fin,
llega ¡ÑIN, ÑIN, ÑIN! este VIOLÍN,
acariciando sus cuerdas sin libreto,
suma CINCO para formar un QUINTETO.

La FLAUTA nos hace vibrar;
tan fina y de plata se ve brillar.
Entra al grupo de una vez
para formar un SEXTETO,
porque ya son SEIS.

Al oprimir sus llaves con suavidad,
las notas parecen en el aire resbalar.
Brillante, negro y espigado, el CLARINETE
forma el SEPTETO por ser el número SIETE.

Se alegra, se lamenta y ruega
con el aire palpitante de su doble lengüeta;
OBOE, por favor, ya no lo dudes más:
por ser el OCHO un OCTETO puedes formar.

El gran FAGOTE, ¡ese cómico gruñón!
Nos reímos al oír cuán grave es su canción.
Ven, Cascarrabias, demuestra que puedes,
danos un NONETO ya que eres el NUEVE.

El ARPA con alas de ángel desciende ahora,
la armonía de sus cuerdas hasta el cielo adora.
Cuando angelical se une a los otros después,
se forma una ORQUESTA DE CÁMARA de DIEZ.

La ORQUESTA llega al concierto puntual.
Juntos en el escenario lucen sin igual:
el CHELO, el ARPA y el CLARINETE,
la TROMPETA con su sonido tan potente,
el OBOE, la FLAUTA y el gran FAGOTE,
deseosos por dar una gran noche.
El TROMBÓN, la TROMPA y el VIOLÍN,
todos preparados para el gran festín.

Las CUERDAS vuelan, los VIENTOS imploran,
los METALES rugen con notas que azoran.
Es la música que todos adoramos.
Solo para oírla a los conciertos vamos.

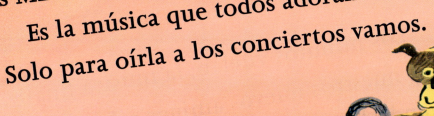

Los minutos vuelan, la música finaliza
y nuestros nuevos amigos salen deprisa.
Cuando las gracias dan y del escenario se van,
aplaudimos fuerte y decimos "¡otra, otra más!",
y seguro volverán para nuestros oídos deleitar.

Y gozaremos aún más esa canción
antes de darles el último adiós.

El huateque

por Kristy Dómenech-Miller

Entonaron el huateque...
¡Cómo se animó la fiesta!
Llegan todos desde lejos
para darnos la sorpresa.

Con su teque, teque, teque
Con su toco, toco, toco
El huateque, teque, teque
es un baile pegajoso.

Hasta los perros lo bailan
dando muchas volteretas.
Lo bailan niños y niñas...
Son el alma de la fiesta.

Con su teque, teque, teque
Con su toco, toco, toco
Bailan todos el huateque
aun con tacones rotos.

Cuanto más juntos estemos

canción tradicional

Cuanto más juntos estemos,
estemos, estemos.
Cuanto más juntos estemos,
más felices seremos.

Pues tus amigos son mis amigos
y mis amigos son tus amigos.
Cuanto más juntos estemos,
más felices seremos.

Las langostas y el cangrejo violinista
por Frederick J. Forster

Una noche salieron las langostas
a la playa en pleno mes de abril,
y al ver un cangrejo en esa costa,
le pidieron que tocara su violín.

Bailaron las langostas sin parar,
hasta que la rosada luz del sol
regresó a los danzarines al mar,
y el cangrejo terminó así su son.